LIBERATI DALLA DIPENDENZA AFFETTIVA

UNA GUIDA COMPLETA PER SMETTERE DI SOFFRIRE IN AMORE
E VIVERE UNA RELAZIONE FELICE

ANNA MARIA DI MARZO

SOMMARIO

INTRODUZIONE

Cos'è la dipendenza affettiva e perché è così importante liberarsene?

La dipendenza affettiva è quel tarlo nella mente che ti spinge a pensare di non poter vivere senza la persona amata.

Per paura della solitudine, fai di tutto per far durare il più a lungo possibile ogni relazione, al punto da accettare anche gli abusi fisici e verbali di partner violenti, insensibili, traditori, freddi ed egoisti.

Sono poche le donne che riescono a interrompere una relazione o a denunciare un partner violento. La maggior parte tende a minimizzare e negare ogni comportamento aggressivo, nell'illusione che il compagno un giorno possa cambiare e per il timore di non essere in grado di affrontare le difficoltà della vita.

Chi soffre di dipendenza affettiva, infatti, pensa di non farcela con le proprie forze e di avere sempre bisogno dell'aiuto di qualcuno. Ecco perché la solitudine è considerata come qualcosa da evitare a ogni costo.

Il bisogno d'aiuto affonda le sue radici nelle esperienze vissute in età infantile.

Se in età infantile non hai ricevuto l'amore e le attenzioni di cui avevi bisogno, in età adulta continuerai ad aspettare che qualcuno si prenda cura di te e soddisfi le tue lacune affettive.

La dipendenza affettiva può manifestarsi in varie forme. Assume, infatti, caratteristiche diverse, in relazione alle esperienze infantili vissute e ai tratti soggettivi della personalità.

Il bisogno d'amore può essere espresso attraverso la "dipendenza passiva", la "dipendenza aggressiva", la "co-dipendenza" e la "controdipendenza".

La "dipendenza passiva" è propria di coloro che, incapaci di farcela da soli e poco fiduciosi nelle proprie capacità, tendono a delegare la responsabilità della propria felicità al partner.

Il partner viene idealizzato e posto su un piedistallo; senza di lui la persona dipendente sente di vivere una vita vuota e priva di senso.

Per non perdere la persona amata, il dipendente fa di tutto per compiacerla e renderla felice. In questo modo, spera di assicurarsi la presenza costante del partner, a cui affida l'arduo compito di riempire il suo vuoto d'amore e mettere a tacere le sue paure.

Il "bisogno" di ricevere amore spinge chi soffre di dipendenza passiva a legarsi a chiunque gli mostri un po' di affetto e attenzione.

La mancanza di selettività nella scelta del partner, però, conduce spesso il dipendente a vivere relazioni complicate e dolorose, nella maggior parte dei casi con individui narcisisti e poco inclini ai rapporti affettivi.

Mentre il dipendente "passivo" perdona al partner ogni tipo di comportamento, il dipendente "aggressivo" lo colpevolizza per tutte le sue mancanze, le omissioni e il poco amore.

Nella "dipendenza aggressiva", infatti, il partner diventa una sorta di "capro espiatorio, un "contenitore emotivo" in cui il dipendente riversa tutta la rabbia per i fallimenti e i bisogni non soddisfatti del passato.

Al contrario del "dipendente passivo", che tende a sminuire sé stesso e a idealizzare il partner, il "dipendente aggressivo" tende a sminuire il partner.

Coglie ogni occasione per umiliarlo, spesso anche in pubblico, e per attribuirgli la colpa della propria infelicità.

A volte, il partner del "dipendente aggressivo" è anche un dipendente affettivo. In risposta alle esplosioni d'ira del "dipendente aggressivo", può decidere di sottomettersi, e dunque diventare "passivo", oppure dar sfogo alla sua rabbia, dando vita così a una relazione tormentata, fatta di scontri continui, reazioni violente e sensi di colpa.

Un'altra forma molto diffusa di dipendenza affettiva è la "codipendenza", conosciuta meglio come "sindrome della crocerossina".

La persona "codipendente" tende a legarsi a partner "bisognosi": tossicodipendenti, alcolisti, persone con problemi fisici e familiari, nell'illusione di poter acquisire maggior valore e importanza.

Chi soffre di "codipendenza" si dedica completamente al partner in difficoltà, sperando che il partner, riconoscendo la sua "unicità ", e bisognoso delle sue cure, non andrà mai via. Le relazioni durano fino a quando il partner ha bisogno di aiuto. Se "guarisce" e risolve i suoi problemi, il "codipendente" si sente tradito, perde tutto il suo interesse e cerca subito un'altra persona da salvare.

Così come il dipendente passivo, anche la persona "codipendente" tende a mettere da parte i suoi bisogni per soddisfare quelli del partner. Il poter essere d'aiuto gli permette di sentirsi importante e di riconoscersi meritevole di ricevere amore.

La quarta forma di dipendenza affettiva è la "controdipendenza", che si distingue dalle altre forme di dipendenza per l'atteggiamento che chi ne soffre mostra all'interno della relazione di coppia.

Mentre i "dipendenti" e i "codipendenti" tentano di evitare la solitudine, facendo tutto il possibile per compiacere il partner, la persona "controdipendente" decide di fuggire dalle relazioni. Fa di tutto per dimostrare di essere forte e di non aver bisogno di nessuno.

Ha poca fiducia nel partner e, nonostante desideri fortemente la sua presenza, finisce sempre per allontanarlo o per fuggire da lui.

In questo libro ci occuperemo solamente della forma "passiva" della dipendenza, in quanto è particolarmente dolorosa e difficile da gestire. Pensa, infatti, a tutto il dolore che hai provato quando il tuo partner ti ha lasciato, ha tradito la tua fiducia o ti ha fatto sentire poco importante.

Chi soffre di dipendenza affettiva, quando finisce un amore non riesce a farsene una ragione. Continua a fantasticare per mesi, o addirittura per anni, su come sarebbe stato bello vivere insieme; si colpevolizza per tutte le azioni intraprese e per quelle non intraprese, per tutte le cose dette e per quelle non dette.

C'è chi si chiude in una sorta di "lutto emotivo", c'è invece chi si getta tra le braccia di chiunque sia in grado di mostrare un po' di affetto e di attenzione; qualcuno si trasforma anche in stalker.

In questo manuale, non troverai teorie e ricerche scientifiche sul tema della dipendenza affettiva; lascio a te la possibilità di approfondire quest'argomento, grazie ai numerosi articoli pubblicati in rete.

L'obiettivo che mi sono proposta, invece, è quello di fornirti una guida pratica per la risoluzione della dipendenza, che ti permetterà di vivere relazioni sentimentali sane, fondate sulla gioia e non più sul dolore.

LA DIPENDENZA AFFETTIVA

Ogni relazione d'amore, soprattutto nella fase iniziale, suscita sempre un po' di dipendenza. Vogliamo stare sempre accanto alla persona amata, desideriamo sentire tutto il giorno la sua voce, non riusciamo a smettere di pensare a lei.

Comunemente, tendiamo a considerare questo continuo desiderio di contatto con il partner come uno dei "segnali" più evidenti dell'innamoramento.

Ma quand'è che il sano desiderio di stare accanto alla persona amata diventa qualcosa di patologico?

Solitamente, in una relazione di coppia, il desiderio costante della presenza del partner diminuisce con lo stabilizzarsi della relazione stessa. Ci sentiamo sicuri del rapporto e iniziamo ad apprezzare nuovamente ogni momento di autonomia. Nelle relazioni disfunzionali, invece, il bisogno dell'altro rimane costante e la relazione viene considerata come condizione imprescindibile per dare un senso alla propria stessa esistenza.

Chi soffre di dipendenza affettiva, infatti, ha un disperato bisogno del partner, lo considera necessario per la propria sopravvivenza. Pur di non perderlo è disposto a tutto, anche ad accettare compromessi, sacrifici e umiliazioni.

Si tratta di un modo di amare che alcuni studiosi definiscono "malato", caratterizzato da un rapporto altamente squilibrato all'interno della coppia, dove c'è un partner che continuamente dona amore (la persona dipendente) e l'altro che fugge o lo respinge.

Come ogni altra forma di dipendenza (da alcool, dalla sigaretta, dal gioco), la dipendenza affettiva regala momenti di "ebbrezza", nella fase in cui si assume la "dose" giornaliera di amore e di vicinanza con il partner, e momenti di vera e propria disperazione quando il partner si allontana.

Le storie d'amore dei dipendenti affettivi sono caratterizzate, infatti, da continui alti e bassi. Non sono mai storie d'amore serene. Sono storie tormentate, sofferte, ricche di momenti di estasi e di successivi momenti di cieca disperazione.

Basta una carezza, o un sorriso del partner, per toccare il cielo con un dito. Poi, basta una parola dura, o uno sguardo mancato, per precipitare in un profondo stato di abbandono e di desolazione emotiva.

Oltre allo stato di "ebbrezza", la dipendenza affettiva condivide con le altre forme di dipendenza anche altri aspetti: la "tolleranza" e l'"astinenza".

Chi soffre di dipendenza affettiva vive in funzione della persona amata; il partner è il suo mondo, la sua unica ragione di vita. Quando il partner è lontano, o chiude la relazione, nulla ha più senso: la vita stessa perde di significato.

Chi soffre di dipendenza affettiva, infatti, lega la propria felicità alla presenza o meno del partner. In sua compagnia, tutto è bello e ogni cosa vale la pena di essere vissuta, quando il partner non c'è, tutto è triste e monotono.

Pur di tenere il partner accanto a sé scende a compromessi, accetta maltrattamenti, abusi fisici ed emotivi, tollera mancanze e tradimenti.

Il partner viene idealizzato e giustificato continuamente; ogni suo difetto viene sminuito, o negato, pur di mantenere viva l'illusione di ricevere amore.

Il timore di perdere quest'amore spinge la persona dipendente a tenere sempre tutto sotto controllo, compreso il partner.

Chi soffre di dipendenza affettiva, infatti, tende a "possedere" la persona amata, a creare un rapporto d'amore esclusivo e totalizzante; non c'è posto per altre persone e per altri interessi al di fuori della coppia.

Qualunque manifestazione d'interesse da parte del partner, per qualcosa o per qualcuno, viene interpretata come tradimento o mancanza d'amore.

Il partner deve avere occhi, orecchie, mani e cuore solo per la persona dipendente, che vuole essere a tutti costi al centro della sua vita e dei suoi pensieri.

I dipendenti affettivi vivono in funzione della persona amata e vorrebbero ricevere lo stesso tipo di amore. Si annullano nella relazione: mettono da parte la loro vita e si dedicano interamente alla vita del partner. Seguono la sua carriera, condividono i suoi interessi, le sue amicizie e le sue passioni.

La felicità del partner viene messa al primo posto, anche a scapito della propria. Non a caso, le persone dipendenti vengono spesso definite come "persone che amano troppo": il loro modo di amare è eccessivo, ossessivo, quasi morboso.

L'ossessione per la persona amata, talvolta, può essere considerata come la manifestazione di una passione particolarmente intensa o di un amore molto profondo. Questo spinge chi soffre di dipendenza affettiva a non riconoscere la causa della sua sofferenza, e a cercare di placarla aumentando le attenzioni verso il partner.

Il partner viene "soffocato" dalle premure della persona dipendente, che cerca in tutti i modi d'isolarlo dal contesto sociale e professionale. La paura di perdere l'affetto della persona amata è talmente forte da spingere chi soffre di dipendenza affettiva ad allontanare il partner da tutto ciò che potrebbe "distrarlo".

I dipendenti affettivi, infatti, non tollerano che qualcosa, o qualcuno, possa suscitare l'interesse del partner, perché questo significherebbe ricevere meno attenzioni e meno amore. Qualunque nuovo interesse del partner viene percepito come un "pericolo", un segnale di un potenziale allontanamento, e questo dà origine a discussioni, pianti, scenate violente e ricatti emotivi.

Per la persona dipendente, l'amore è inteso come qualcosa di esclusivo: una fusione totale, un abbandono totale, un perdersi completamente nell'altro. La fusione con il partner è così intima che, senza di lui, chi è dipendente sente di non poter esistere.

Frasi come: "non posso vivere senza di te", "tu sei la mia vita", "senza di te mi manca il respiro", non sono modi di dire ma convinzioni reali. Ecco perché, chi soffre di dipendenza affettiva è disposto a tutto pur di non perdere la persona amata. Perdere il proprio partner significherebbe perdere la propria stessa vita, ecco perché i dipendenti cercano disperatamente di mantenere in piedi le loro relazioni: è una questione di sopravvivenza.

Per la persona dipendente, l'amore non è gioia ma una continua sofferenza.

Chi è dipendente, infatti, vive costantemente nella paura di perdere la persona amata e nell'ansia che questo possa accadere da un momento all'altro.

Questo perenne stato di ansia conduce, chi soffre di dipendenza affettiva, a tenere sempre tutto sotto controllo, non solo la relazione ma anche la vita del partner: le sue amicizie, i suoi interessi e spesso anche il suo cellulare.

I dipendenti affettivi, infatti, sono gelosi e possessivi: il partner è di loro proprietà, gli altri devono stare alla larga.

Al partner non è permesso uscire con gli amici o avere interessi che non coinvolgano anche la persona dipendente; ogni esperienza deve essere condivisa e deve coinvolgere la coppia.

Non di rado i dipendenti affettivi sottopongono i loro partner a lunghi interrogatori, a punizioni, a ricatti, a situazioni in cui vengono messi continuamente alla prova. Ogni persona che si avvicina al partner si trasforma in un potenziale rivale, ogni impegno di lavoro diventa una pericolosa possibilità di allontanamento.

La mancanza di fiducia, nella possibilità di meritare l'amore, spinge la persona dipendente a essere continuamente sospettosa e a vivere in uno stato di allerta perenne. La convinzione di non essere meritevole di essere amata fa sì che si adoperi per tentare di "guadagnare" l'amore del partner. Non a caso, le persone dipendenti cercano in tutti i modi di essere sempre perfette, irreprensibili, amorevoli e accoglienti. Il partner, però, non sempre riconosce e dà valore ai loro "sforzi", spesso si sente oppresso e soffocato dal "troppo amore" e dalle "troppe attenzioni", e reclama più "spazio".

Queste rimostranze, da parte del partner, vengono percepite dalla persona dipendente come delle vere e proprie pugnalate: come può il partner essere così insensibile ed egoista da non riconoscere tutti i sacrifici fatti per lui?

Questa mancanza di riconoscimento, degli sforzi e dei sacrifici fatti, induce chi è dipendente a provare rabbia e "risentimento".

La rabbia è un sentimento che accomuna tutte le forme di dipendenza: quella passiva, quella aggressiva, la codipendenza e la controdipendenza, però nella dipendenza passiva non viene mai espressa in maniera esplicita, se non in brevi e rarissime occasioni.

Poiché la persona dipendente ama il partner al di sopra di tutto (anche di sé stessa), ed è convinta che l'amore vero debba essere al di sopra di ogni cosa, "non può" odiare il partner, non può essere arrabbiata con lui; così, riversa la rabbia su di sé, attribuendo a sé stessa tutta la colpa.

Si sente in colpa per non aver dato abbastanza, per non essere stata abbastanza brava, premurosa, bella e attraente. Si attribuisce la colpa del fallimento del rapporto e del comportamento del partner; lo giustifica e inizia a tormentarsi con i "se": "se fossi stata più disponibile", "se l'avessi lasciato più libero", "se avessi fatto meno scenate", "se fossi stata più attraente, più sicura, più forte", ecc.

Chi soffre di dipendenza affettiva tende ad attribuirsi sempre la colpa del fallimento di ogni relazione. Il partner viene idealizzato e posto su un piedistallo; ogni sua azione viene considerata come una conseguenza del comportamento della persona dipendente.

Cercare di compiacere il partner, e addossarsi la colpa per le sue mancanze, non garantisce però la sopravvivenza di una relazione.

Le relazioni fondate sulla paura, sull'insicurezza, sul bisogno e sulla negazione sono rapporti "a tempo", non durano a lungo. Tutti gli sforzi compiuti per evitare l'abbandono finiscono per produrre l'effetto contrario: il partner, soffocato dal "troppo amore", decide di allontanarsi, e la persona dipendente si ritrova a dover fare i conti con ciò che teme di più al mondo: la solitudine.

COME SI SVILUPPA
LA DIPENDENZA AFFETTIVA

La dipendenza affettiva è una delle conseguenze dirette, e inevitabili, della ferita da Abbandono.

La ferita da Abbandono è una delle Cinque Ferite Esistenziali, presenti in ognuno di noi fin dall'infanzia.

Tutti noi, infatti, in tenera età, abbiamo sperimentato momenti di Abbandono, Rifiuto, Ingiustizia, Tradimento e Umiliazione. Ogni episodio doloroso, se vissuto in maniera intensa, ha influenzato il nostro aspetto fisico, il nostro modo di essere e il nostro modo di pensare.

Ciascuna ferita esistenziale induce all'adozione di comportamenti ben precisi, e ciò al fine di evitare il ripetersi della sofferenza che abbiamo vissuto quando eravamo piccoli.

Per sfuggire al dolore provocato dalle ferite, ognuno di noi mette in atto una serie di meccanismi di difesa, conosciuti meglio come "Maschere della personalità". Chi, ad esempio, ha sofferto in modo particolare per la ferita da Rifiuto, indosserà da adulto la maschera del "Fuggitivo", e tenderà a fuggire dalle responsabilità e da ogni relazione.

Chi ha sofferto per la ferita da Ingiustizia, indosserà la maschera del "Rigido"; sarà un perfezionista e farà fatica a fidarsi degli altri.

Chi ha sofferto per la ferita da Umiliazione, indosserà la maschera del "Masochista"; avrà una scarsa autostima e tenderà sempre ad anteporre i bisogni degli altri ai propri.

Chi ha sofferto per la ferita da Tradimento, indosserà la maschera del "Controllore"; metterà sempre tutti sotto esame, e sarà geloso e possessivo in amore.

Infine, chi ha sofferto per la ferita da Abbandono, indosserà la maschera del "Dipendente". Sarà pieno d'insicurezze, cercherà sempre l'appoggio degli altri e sarà propenso a sviluppare ogni forma di dipendenza, prima fra tutte la dipendenza affettiva.

La dipendenza affettiva è, pertanto, una diretta conseguenza della ferita da Abbandono.

La ferita da Abbandono si sviluppa nei primi anni di vita, tendenzialmente prima dei tre anni, quando al bambino viene a mancare l'amore del genitore di sesso opposto.

Le cause di questa "mancanza d'amore" possono essere molteplici: la morte prematura di uno dei genitori, un divorzio, esigenze lavorative che spingono il genitore di sesso opposto a stare lontano da casa, maggiori attenzioni dedicate ai fratelli e alle sorelle, litigi in famiglia, violenze domestiche o dipendenze da alcool o droga.

I bambini che hanno sviluppato la ferita da Abbandono, da adulti si sentiranno incapaci di vivere la vita da soli, avranno sempre bisogno degli altri; vivranno nella fiduciosa attesa che qualcuno possa colmare il vuoto d'amore e di attenzioni che non hanno ricevuto nell'infanzia.

Tenderanno, inesorabilmente, ad aggrapparsi a cose o a persone, e faranno fatica a interrompere qualunque tipo di rapporto, anche se nocivo o deleterio per loro. Si tratta, infatti, di individui disposti a fare qualunque cosa pur di non perdere la persona amata, anche a subire umiliazioni e maltrattamenti.

Qualunque sofferenza, causata dal partner, sarà sempre inferiore a quella che potrebbe sorgere in seguito a una possibile separazione.

La paura di perdere la persona amata è come un tarlo che divora la mente di chi soffre di dipendenza affettiva. Non importa quante e quali rassicurazioni il partner possa fornire, la persona dipendente sentirà sempre di essere costantemente in pericolo di perdere il suo amore e, dunque, la sua stessa vita.

Chi soffre di dipendenza affettiva sente di non poter vivere senza la persona amata; la sua stessa esistenza, infatti, è legata alla presenza del partner. È il partner che dà significato a tutto ciò che fa, senza di lui nulla ha senso. Ecco perché i dipendenti affettivi hanno bisogno di ricevere continuamente conferme dell'amore del partner, insieme alle prove concrete della sua intenzione di portare avanti la relazione.

Nonostante il bisogno di fondersi nella coppia, e d'instaurare una relazione d'amore intimamente profonda, quasi per ironia della sorte, chi soffre di dipendenza affettiva tende a legarsi a partner poco inclini all'intimità e alle manifestazioni di affetto.

Chi nell'infanzia ha vissuto l'abbandono affettivo, infatti, per un meccanismo che in psicologia si chiama "Coazione a ripetere", in età adulta tenderà a legarsi a partner simili al genitore di sesso opposto; persone che per carattere, o per motivi di lavoro, gli faranno sperimentare nuovamente l'abbandono affettivo.

Si tratta di individui che, per aspetti disturbati della personalità, come nel caso dei narcisisti o dei controdipendenti, per cultura o per esigenze religiose o professionali, non potranno mai dare alla persona dipendente la sicurezza di un rapporto stabile e un amore profondo.

Come mai chi soffre di dipendenza affettiva tende a legarsi a partner emotivamente indisponibili, freddi e poco propensi alle manifestazioni d'affetto?

Tutto questo avviene perché il nostro "Io bambino" non dimentica i torti subiti e, nella speranza di cambiare il passato, continua a creare situazioni simili a quelle vissute in tenera età.

Ecco perché la persona dipendente tende a legarsi a partner poco predisposti ai legami e alle manifestazioni d'affetto.

Per liberarsi dalla dipendenza affettiva, è necessario "guarire" la parte ferita della personalità, quella che viene definita "Io Bambino".

Occorre sanare il bisogno d'amore che è venuto a mancare da bambini, attraverso un percorso di crescita personale che comprenda momenti di ascolto e di riprogrammazione mentale.

L'Ipnosintesi, la tecnica da me ideata, si è rivelata estremamente efficace nella risoluzione definitiva dei disagi causati dalla dipendenza affettiva.

Grazie all'Ipnosintesi, è possibile risalire alla "causa primaria" della dipendenza; ossia, all'evento iniziale di abbandono affettivo, a cui poi si sono sovrapposte tutte le altre esperienze dolorose della vita.

Una volta risolta la causa primaria, e gli eventi a essa correlati, la tua vita cambierà radicalmente. Inizierai a scegliere partner diversi, e scoprirai quanto può essere piacevole dedicare del tempo ai propri interessi.

IL PESO DEI CONDIZIONAMENTI SOCIALI E FAMILIARI

Oltre alla mancanza d'amore sperimentata da bambini, altri fattori possono incrementare e alimentare la dipendenza affettiva. Tra questi, i più comuni sono: la religione, la cultura d'origine, le tradizioni familiari e le convenzioni sociali.

Il tanto decantato e frainteso "Amore Incondizionato", tramandato da alcune religioni, e divenuto patrimonio collettivo grazie alle struggenti canzoni d'amore che ti hanno accompagnato dall'infanzia all'adolescenza, potrebbe averti indotto a pensare che "amare" sia sinonimo di "abnegazione totale".

Nella frase: "Ama il tuo prossimo come te stesso", le persone da amare sono due: Tu e il tuo prossimo.

Non si può provare amore autentico per un'altra persona se prima non si è capaci di amare sé stessi. Rinnegare i propri bisogni, i propri desideri e i propri progetti, per assecondare e favorire quelli del partner, non è amore ma negazione di sé stessi.

L'amore di coppia presuppone una reciprocità nell'espressione e nella dimostrazione dell'amore stesso. Quando viene a mancare questa reciprocità, viene a mancare la coppia stessa. È come se la relazione fosse vissuta solamente da uno dei partner, che continua a dare ininterrottamente tempo e attenzione, fino a consumarsi lentamente e dolorosamente.

Le credenze religiose, lo stile educativo che hai ricevuto e le regole sociali che hai appreso, potrebbero averti fatto credere che chi ama davvero è capace di sopportare tutto, di perdonare tutto, di giustificare tutto.

Vittime di questo modo di pensare sono soprattutto le donne, investite fin dalla nascita del ruolo di "crocerossina", paladine coraggiose e fiere dell'amore incondizionato.

È soprattutto alle donne, infatti, che viene insegnato a mettere da parte i propri bisogni e i propri desideri per accontentare quelli degli altri.

Chi nell'infanzia ha assistito a esempi di totale abnegazione della mamma ai bisogni del papà e dei nonni, chi è cresciuto all'interno di un nucleo familiare che considera l'altruismo e la generosità come valori imprescindibili, sarà incline a ritenere i bisogni degli altri più importanti dei propri.

Nella seconda parte di questo libro, ti insegnerò a eliminare tutte le credenze limitanti che hai sviluppato a causa dei condizionamenti sociali e familiari.

Ti insegnerò anche a eliminare tutti i modi di dire, i giudizi e i consigli di amici e familiari, che ti hanno portato a considerare l'amore come sacrificio, sofferenza e fatica.

L'amore è gioia! E deve essere vissuto con gioia da entrambi i membri della coppia.

Se entrambi i partner sono impegnati a "dare" amore, entrambi riceveranno amore. Se, invece, a "dare" è solo uno dei partner, mentre l'altro si preoccupa solo di "prendere", il rapporto sarà squilibrato.

È proprio per via di questa mancanza di equilibrio che alcune relazioni sono caratterizzate da incomprensioni, litigi e sofferenza.

La sofferenza in amore è causata, infatti, dalla mancanza di reciprocità, dalle aspettative deluse, dai desideri non corrisposti e dall'amore non ricevuto.

Quando in un rapporto è solo un partner a dover sempre accontentare l'altro, e a dover rinunciare ai suoi progetti e alle sue amicizie, ci troviamo di fronte a una forma di amore "malato", dove il "bisogno" diventa "dedizione".

Le relazioni sane si basano sulla condivisione, sullo scambio, sul desiderio di compiacere l'altro, senza per questo arrecare un dispiacere a sé stessi.

Cercare di far felice il partner non può richiedere il sacrificio di sé stessi. Occorre imparare a essere felici mentre si fa felice l'altro, a non rinunciare mai alla propria dignità e ai propri desideri.

Se il tuo partner è sinceramente innamorato di te, come potrebbe essere felice se tu non lo sei?

Non sarà il tuo sacrificio a tener vivo il rapporto, e a far durare la relazione, bensì la tua capacità di essere felice.

Lascia andare tutte le frasi fatte, i proverbi e tutto ciò che negli anni ti ha spinto a considerare l'amore come una missione. L'amore non è qualcosa a cui dedicare tutta la tua vita, per cui sacrificare ogni tuo sogno e ogni tua necessità.

L'amore, quando è vero, non impone né sacrifici né rinunce, ma si alimenta della gioia e della felicità di entrambi i partner.

Apriti, fin da ora, alla possibilità di essere finalmente felice in amore e di vivere una relazione sentimentale in cui puoi sentirti al sicuro. Una relazione dove non devi continuamente controllare tutto e tutti, dove puoi rilassarti e godere della presenza amorevole del tuo partner, senza dover più elemosinare affetto e attenzioni.

I SINTOMI DELLA DIPENDENZA AFFETTIVA

Per liberarsi dalla dipendenza affettiva, è necessario prima riconoscere di esserne affetti. Molto spesso, infatti, la dipendenza affettiva viene considerata come una forma di altruismo, come passione o attrazione fisica.

Nella maggior parte dei casi, ci si rende conto di soffrire di dipendenza affettiva solo dopo la fine dell'ennesima relazione tormentata e dolorosa, dopo essere stati abbandonati o dopo essere stati annientati da un partner narcisista o codipendente.

In questo capitolo, elencherò i sintomi più comuni della dipendenza affettiva, in modo che tu possa riconoscerne la presenza nel tuo modo di agire e di pensare. La presenza in te, di uno o più di questi sintomi, ti darà l'idea del livello di dipendenza affettiva che ha rovinato tutte le tue relazioni.

Il bisogno d'amore

Ciò che caratterizza, in modo inequivocabile, la dipendenza affettiva è l'eccessivo bisogno d'amore.

Si tratta di un bisogno difficile da colmare, perché insorto a causa delle ferite emotive sperimentate durante l'infanzia.

I vissuti di abbandono, di noncuranza e di mancanza d'amore danno vita a un doloroso vuoto emotivo, che la persona dipendente cerca di mettere a tacere legandosi a chiunque sia in grado di mostrarle un briciolo di affetto e attenzione.

Spesso, però, si tratta di partner freddi e distaccati, che con il loro atteggiamento alimentano nella persona dipendente il senso di solitudine e la paura dell'abbandono.

È proprio la paura dell'abbandono a spingere i dipendenti a ricercare costantemente attenzioni e dimostrazioni d'affetto.

Le persone dipendenti chiedono continuamente al partner: "Mi ami?" e vanno in panico se il partner non si fa sentire per qualche ora o dimentica di chiamare. Qualunque ritardo, o silenzio, viene interpretato come un possibile abbandono, e genera ansia e paura.

Il bisogno d'amore è ciò che alimenta la relazione.

Chi soffre di dipendenza affettiva sente di non poter vivere senza la persona amata; senza di lei fa fatica a respirare.

Ogni cosa ha senso solo in funzione del partner, che diventa il centro del suo mondo e il suo unico interesse.

L'idealizzazione del partner

Un altro aspetto peculiare della dipendenza affettiva è l'idealizzazione del partner.

La persona dipendente pone sempre il partner su un piedistallo; gli eventuali difetti vengono minimizzati o ignorati, per via del "bisogno" di far durare la relazione il più a lungo possibile.

Il senso d'inferiorità induce chi soffre di dipendenza affettiva a sopravvalutare il partner, a giustificare i suoi comportamenti e le sue mancanze, ad addossarsi la colpa quando qualcosa va male o quando il partner si allontana.

Chi soffre di dipendenza affettiva, infatti, difficilmente è in grado di riconoscere e, soprattutto, di ammettere i fallimenti e gli errori commessi dal partner.

È estremamente abile nel trovare ogni scusa possibile per dare un senso a qualunque gesto aggressivo, a qualunque mancanza di rispetto o a qualunque parola offensiva. Si mostra tollerante verso ogni mancanza, ed è eccessivamente accondiscendente verso ogni richiesta ricevuta, anche quando questa risulta essere contraria ai suoi desideri e ai suoi principi morali. Tende a mettere a tacere ogni forma di risentimento e di delusione, nel timore che il partner possa decidere di andare via.

L'idealizzazione del partner non è dovuta all'accentuazione dei suoi aspetti positivi, ma è il frutto di una pura illusione.

Le persone dipendenti attribuiscono ai loro partner tutti i pregi e le caratteristiche che vorrebbero riscontrare in loro, illudendosi così di vivere una relazione perfetta e duratura.

La paura di perdere il partner.

Le persone dipendenti vivono nel terrore di fare qualcosa che possa allontanare il partner. Temono sempre che qualcosa possa andare storto e che la loro relazione possa finire.

La paura dell'abbandono le spinge a compiacere il partner in ogni suo desiderio e a sopportare anche maltrattamenti e umiliazioni.

Non importa quanto il partner possa essere violento o distante, quanti sacrifici e rinunce debbano fare, nulla può essere paragonato al dolore che potrebbe derivare dall'eventuale perdita della persona amata.

Il timore della solitudine fa ingigantire le conseguenze che potrebbero provenire dalla fine della relazione. Ecco perché i dipendenti affettivi sono spesso gelosi e possessivi, a volte quasi soffocanti.

Tuttavia, nel tentativo di trovare un partner che possa rimanere per sempre al loro fianco, si ritrovano spesso legati a individui che per natura, problemi familiari o di lavoro, fanno fatica a impegnarsi in una relazione stabile.

Questa indisponibilità emotiva alimenta la paura dell'abbandono, e spinge la persona dipendente a diventare sempre più appiccicosa e a far fuggire il partner, innescando e alimentando così un circolo vizioso, fatto d'inseguimenti, lacrime e perdite ricorrenti.

Accondiscendenza e totale devozione al partner

L'accondiscendenza totale al partner è un'altra delle caratteristiche distintive della dipendenza affettiva.

Il timore di perdere l'amore della persona amata spinge il dipendente a cercare di compiacere ogni sua richiesta, e a fare di tutto per renderla sempre felice.

Il continuo assecondare i desideri del partner, con il passare del tempo, conduce chi soffre di dipendenza affettiva ad avviare un vero e proprio processo d'identificazione: si ritrova a pensare come il partner, a parlare come lui, ad agire come lui e a fare sempre ciò che dice lui.

Per paura di perdere l'oggetto del suo amore, diventa incapace di opporsi alle sue decisioni, accettandole e subendole senza alcuna riserva. Ogni desiderio espresso dal partner diventa quasi un ordine, un obbligo emotivo a cui è impossibile sottrarsi.

Per la persona dipendente, infatti, soddisfare ogni bisogno e ogni desiderio del partner è l'unico modo sicuro per far sì che rimanga sempre al suo fianco.

Il partner responsabile della tua felicità

Chi soffre di dipendenza affettiva delega la responsabilità della propria felicità al partner, che con il tempo diventa il centro del suo mondo e la sua unica ragione di vita.

Non ritenendo di possedere le doti e le qualità necessarie per meritare la felicità, la persona dipendente attribuisce interamente al partner il potere di renderla felice.

Ogni gesto d'amore da parte del partner, che sia una parolina dolce o una piccola attenzione, riempie il suo cuore di gioia e la fa sentire immensamente grata per quanto ha ricevuto.

Basta però un appuntamento mancato, un cambio di programma, una frase detta in modo freddo, per far rabbuiare di colpo la sua giornata.

Il delegare al partner la propria felicità espone le persone dipendenti al rischio di continue delusioni e sofferenze.

Il rapporto di coppia diventa come una giostra di emozioni: picchi di euforia, accompagnati da momenti di profonda e dolorosa amarezza.

Tutto ciò che il partner fa, pensa o dice viene interpretato in un'ottica di dimostrazione d'amore o di totale indifferenza. Se il partner è stanco, o non ha voglia di parlare, significa che non è più innamorato e sta per andarsene; se invece è sorridente e allegro, tutto va bene.

Gelosia e possessività

I dipendenti affettivi sono gelosi e possessivi. La persona amata è considerata come una sorta di "proprietà personale", a cui nessuno si può avvicinare. Vanno in panico se il partner guarda un'altra persona, se gli sorride o se prova interesse per qualcosa di nuovo.

La gelosia li spinge ad asfissiare il partner con continue domande, richieste di rassicurazioni e sfuriate, che spesso si rivelano inutili e immotivate.

Tutto deve essere sempre sotto controllo: il partner, il suo cellulare, il suo computer, l'agenda degli appuntamenti.

L'eccessivo controllo, però, induce spesso il partner ad andare via, costringendo così la persona dipendente a fare i conti con il suo nemico più grande: la solitudine.

Il senso di vuoto e di smarrimento lontano dal partner

Per chi soffre di dipendenza affettiva, la vita senza la persona amata non è degna di essere vissuta. Senza il partner si annoia, lo chiama in continuazione, vive in attesa di una telefonata o di un incontro.

Il partner viene investito dell'arduo compito di riempire il vuoto affettivo del dipendente, un vuoto che trova origine nella sua infanzia, e che genera un continuo e profondo senso di angoscia e smarrimento.

Per sfuggire al dolore generato dal vuoto emotivo, la persona dipendente concentra tutta la sua attenzione sul partner; si occupa di lui, si interessa di ciò che gli piace, segue i suoi interessi e i suoi profili social.

Le sue conversazioni hanno sempre come oggetto il partner, i suoi amici e la sua vita. Lontano dal partner sente di non aver valore, la sua stessa esistenza diventa priva di senso.

TEST
SCOPRI IN CHE MISURA SOFFRI DI DIPENDENZA AFFETTIVA

Adesso che hai imparato a riconoscere i sintomi più comuni della dipendenza affettiva, ti invito a svolgere un breve test, per verificare quanto è alto il tuo livello di dipendenza.

Il test che ti propongo ha il solo scopo di farti prendere coscienza dei comportamenti, e dell'atteggiamento mentale, che dovrai modificare per migliorare la tua vita e le tue relazioni.

Rispondi a ciascuna domanda con sincerità, senza riflettere. Rispondi semplicemente con un "sì" o con un "no".

Il numero dei "si" sarà il metro di misura che evidenzierà il tuo livello di dipendenza affettiva.

1. Ti senti spesso in colpa?
2. Tendi ad anteporre i bisogni degli altri ai tuoi?
3. Ti rattristi dinanzi a un commento negativo?
4. Tendi ad avere il controllo sulla vita del partner?
5. Soffri di gelosia?
6. Ti senti a disagio quando devi prendere iniziative senza il partner?
7. Tendi a mettere il partner al centro della tua vita?
8. Quando inizi una relazione, tendi gradualmente a trascurare gli amici e i tuoi interessi personali?
9. Ti lasci influenzare dal giudizio e dalle opinioni altrui?
10. Riesci a distaccarti con facilità da persone, cose e situazioni che non sono salutari per te?
11. Ti capita di parlare del partner e dei suoi interessi più spesso di quanto parli dei tuoi?
12. Sai dire di "no" senza sentirti in colpa?
13. Ti senti spesso una vittima?

IL PARTNER DEL DIPENDENTE AFFETTIVO

Sebbene chi soffre di dipendenza affettiva sia alla ricerca di un partner affettuoso, premuroso e attento a soddisfare le sue richieste emotive, per un meccanismo apparentemente perverso della sua mente inconscia, finisce con il legarsi a individui freddi e sfuggenti, che alimentano di continuo le sue ansie e il suo stato di dipendenza.

Ciò avviene a causa delle ferite emotive ricevute durante l'infanzia, che inducono a ricreare continuamente le situazioni di abbandono affettivo del passato, nell'illusione di poter riparare al torto ricevuto.

Ecco perché, ad esempio, le donne che soffrono di dipendenza affettiva tendono a trovare attraenti uomini che per motivi personali, economici o psicologici risultano essere emotivamente indisponibili. Tale indisponibilità può essere dovuta alla lontananza geografica, al fatto che il prescelto ha già una famiglia o non è pronto per aver un legame.

Nella maggior parte dei casi, però, le persone dipendenti mostrano una particolare propensione a scegliere partner che soffrono del disturbo narcisistico della personalità.

Il disturbo narcisistico della personalità, così come la dipendenza affettiva, affonda le sue radici in un'infanzia caratterizzata da mancanza d'amore e di attenzione.

Tuttavia, mentre chi soffre di dipendenza affettiva reagisce a questa mancanza occupandosi degli altri e dei loro bisogni, il narcisista è concentrato unicamente, ed esclusivamente, su di sé. Per nascondere la sua fragilità emotiva, si impegna a mostrare costantemente un'immagine di sé brillante e grandiosa, al fine di suscitare sentimenti di apprezzamento e ammirazione.

Il narcisista è alla costante ricerca di un pubblico che applauda per i suoi successi, che gli ricordi continuamente quanto è bello, forte, vincente e sicuro di sé. Qualcuno che assecondi ogni suo desiderio e che lo ponga su un piedistallo. Chi può fare tutto questo meglio di una persona dipendente?

La relazione narcisista-dipendente, infatti, trova il suo equilibrio nella soddisfazione dei bisogni inconsci di entrambi i partner. Il narcisista ha bisogno di essere costantemente al centro dell'attenzione, mentre la persona dipendente ha bisogno di qualcuno a cui dedicare ogni sua attenzione.

Il narcisista è un grande adulatore e un abile manipolatore. È estremamente bravo a individuare i punti deboli e i bisogni emotivi degli altri. È per questo che chi soffre di dipendenza affettiva, sempre in cerca di affetto e di attenzioni, diventa una sua facile preda. Al narcisista basterà fare una carezza, dire una frase gentile o lanciare uno sguardo compiaciuto per far innamorare perdutamente la persona dipendente, che penserà di aver trovato il partner dei suoi sogni.

Durante la fase del corteggiamento, e nei primi mesi della relazione, infatti, il narcisista suole dedicare molta attenzione alla persona dipendente: la fa sentire amata, coccolata e importante. La chiama spesso, le fa continui complimenti, soddisfa in maniera perfetta il suo bisogno d'amore.

Successivamente, però, dopo aver ottenuto la sua totale dedizione e sottomissione, "concede" sempre meno amore e attenzioni, risvegliando nella persona dipendente la paura della perdita e dell'abbandono.

Terrorizzata dall'idea di perdere il partner dei sogni, la persona dipendente inizierà a dare sempre più attenzione al narcisista, nella speranza di far tornare tutto come prima. Si dedicherà totalmente a lui, soddisferà tutte le sue richieste, sopporterà tutte le sue critiche e i suoi malumori, attribuendosi pienamente la colpa per l'insoddisfazione del partner.

Un individuo narcisista è per le persone dipendenti come uno "specchio per le allodole"; il suo modo di fare "ammaliatore" le affascina, fa credere loro di aver trovato finalmente qualcuno capace di riempire il loro vuoto affettivo.

I narcisisti, però, sono incapaci di provare empatia; non potranno mai soddisfare le richieste d'amore di chi soffre di dipendenza affettiva, che vivrà la relazione in modo sofferto e tormentato. Alternerà momenti di sconforto, solitudine e angoscia a brevi momenti di gioia, concessi dal narcisista per mantenere, inalterata nel tempo, la sottomissione della persona dipendente.

Il narcisista è troppo preso da sé stesso per preoccuparsi dell'effetto devastante che il suo comportamento egocentrico ha sulla sua partner. Mentre lei si impegna, con tutte le sue forze, per cercare di creare una relazione stabile ed esclusiva, il narcisista dedica il suo tempo a collezionare conferme e approvazione anche al di fuori della relazione. Ciò non fa che aumentare il sentimento di disistima e di scarso valore della persona dipendente, costretta a osservare il partner mentre elargisce a chiunque complimenti, frasi galanti e sguardi intensi, nell'intento di ottenere consensi e ammirazione per il proprio fascino e il proprio valore.

Il narcisista non si preoccupa minimamente della sofferenza della partner dipendente, sa bene che lei non lo lascerà mai; non importa quanto profondamente possa ferirla.

Anche se, stremata per le continue critiche e i comportamenti del narcisista, la persona dipendente minacciasse di voler interrompere la relazione, al narcisista basterebbe farle un paio di carezze, o dirle due paroline dolci, per riportarla immediatamente allo stato di sottomissione.

Chi soffre di dipendenza affettiva, infatti, è particolarmente incline a giustificare e a perdonare anche le azioni più crudeli, pur di non perdere la persona amata. Vive nell'illusione che le cose possano cambiare e che il partner alla fine, riconoscendo la dedizione e l'amore che riceve, inizi a provare e a esprimere il suo amore.

Nel profondo, la persona dipendente "sente" che il bisogno del narcisista di sottomettere gli altri è solo il riflesso della sua fragilità emotiva, e pensa di poterlo aiutare offrendogli cure e amore incondizionato. Ecco perché le relazioni "narcisista-dipendente", seppur sofferte, durano a lungo: la persona dipendente crede di poter "salvare" il narcisista e di poter "guarire" le sue ferite emozionali.

È estremamente difficile, per coloro che soffrono di dipendenza affettiva, resistere al fascino di una persona narcisista. Ai loro occhi, la persona narcisista possiede tutte le qualità che vorrebbero avere: forza, sicurezza, carisma. Ed è proprio quest'illusione che spinge le persone dipendenti a rimanere intrappolate in relazioni tossiche, che causano loro tanto dolore e distruggono la loro autostima.

L'unico modo per sfuggire alla trappola emotiva del narcisista, e smettere di soffrire in amore, è risolvere la dipendenza affettiva, e tra poco inizierai a farlo.

Parte seconda
Liberarsi dalla dipendenza affettiva
Le Strategie

COME LIBERARSI DALLA DIPENDENZA AFFETTIVA

Liberarsi dalla dipendenza affettiva è un processo che richiede un intenso lavoro d'introspezione, durante il quale occorre riconoscere e risolvere tutti gli eventi, i condizionamenti, le paure e le credenze limitanti che hanno dato origine, e alimentato nel tempo, il bisogno d'amore.

Bisogna essere disposti a guardarsi dentro con coraggio, ad accettare le proprie debolezze e i propri fallimenti, a imparare dagli errori del passato e a iniziare una vita nuova, fatta di momenti gioiosi e relazioni sane e durature.

Per aiutarti in questo percorso di "guarigione emotiva", ti insegnerò a utilizzare due delle tecniche che utilizzo nel corso "Guarisci le Cinque Ferite", che puoi trovare all'indirizzo www.ipnosintesi.it.

Non mi dilungherò nella descrizione delle origini e del funzionamento delle due tecniche.

Il mio obiettivo è quello di farti apprendere velocemente, e correttamente, il loro uso. In questo modo, ti sarà più facile rimuovere i blocchi emotivi, le convinzioni e i comportamenti auto sabotanti che ti hanno indotto a soffrire in amore.

Ti invito a svolgere con cura gli esercizi che ho preparato per te.

Sono esercizi importanti, che ti aiuteranno a prendere coscienza del tuo modo di pensare, dei condizionamenti mentali che ti sono stati imposti dagli altri e delle credenze limitanti che hai costruito nel tempo.

Questa fase di "destrutturazione" è fondamentale. Solo dopo aver eliminato le cause della dipendenza, potrai creare i modelli comportamentali necessari per avere gioia e successo in amore.

LA PRIMA STRATEGIA: IL TAPPING

Il Tapping, conosciuto anche come "tecnica di libertà emotiva", si ispira alla terapia dei Campi di pensiero (Thought Field Therapy) dello psicoterapeuta Roger Callahan.

Consiste nella stimolazione di alcuni punti di agopuntura, situati sui meridiani energetici del nostro corpo; veri e propri circuiti dove scorre la nostra energia vitale.

Spesso, le situazioni spiacevoli della vita determinano un'interruzione del flusso di energia all'interno dei meridiani; favorendo così l'insorgere di disagi e fastidi che avvertiamo a livello fisico ed emozionale.

Per spiegare meglio questo concetto, utilizzerò una metafora.

Immagina un fiume pieno di rifiuti. Se i rifiuti sono troppi, ci saranno delle zone con un grande intasamento (traumi), dove l'acqua si accumula (energia in eccesso), e altre dove l'acqua non arriva (energia carente). La stessa cosa avviene all'interno dei nostri meridiani energetici.

Quando siamo sopraffatti da situazione dolorose, ci sovraccarichiamo di un'intensa carica energetica, fatta di pensieri, emozioni e sensazioni fisiche.

I meridiani fanno del loro meglio per far scorrere via l'energia in eccesso, ma a volte l'energia è così abbondante da creare dei veri e propri ingorghi.

Usando il Tapping puoi lasciar andare l'energia in eccesso, liberare i meridiani dagli ingorghi energetici e ritrovare il tuo stato di benessere originario.

COME FUNZIONA IL TAPPING?

Il Tapping consiste nel picchiettare, con i polpastrelli, alcuni punti specifici del viso e del corpo (fig.1).

Stimolando questi punti è possibile "liberare" tutte le emozioni in eccesso che ostruiscono i meridiani, permettendo così all'energia vitale di scorrere libera all'interno del corpo.

Si inizia a picchiettare partendo dal <u>punto Karate,</u> che si trova sulla mano (fig.2). In questa fase iniziale, è utile ripetere una breve frase, che dà inizio al processo di cambiamento. Più avanti ti spiegherò dettagliatamente l'intero processo.

Il secondo punto da stimolare si trova sopra la testa. Puoi picchiettare questo punto usando tutti i polpastrelli o il palmo della mano.

Il terzo punto si trova all'inizio delle sopracciglia. È consigliabile stimolare contemporaneamente sia il punto posto sul sopracciglio sinistro, che quello posto sul sopracciglio destro. Ti suggerisco di utilizzare il dito indice e l'anulare. In questo modo, con il dito medio potrai massaggiare un punto energetico molto importante: il "terzo occhio".

Il quarto punto è situato sul lato esterno dell'occhio. Per stimolare questo punto, è sufficiente utilizzare i polpastrelli del dito indice e del dito medio.

Il quinto punto si trova sotto l'occhio, proprio dove inizia lo zigomo. Anche in questo caso puoi utilizzare i polpastrelli del dito indice e del dito medio.

Il sesto punto è situato sotto il naso, esattamente tra il naso e il labbro superiore. Utilizza sempre il dito indice e il medio.

Il settimo punto si trova sul mento, esattamente sulla parte concava, quella che comunemente viene definita "fossetta". Anche in questo caso dovrai utilizzare il dito indice e il medio.

L'ottavo punto si trova appena sotto la clavicola. E' bene stimolare i punti posti su entrambi i lati del corpo, picchiettando in maniera alternata e usando tutti i polpastrelli.

Il nono punto si trova sotto il braccio, all'altezza del muscolo pettorale. Questo punto deve essere stimolato usando i polpastrelli di tutte le dita.

Il decimo, e ultimo punto, si trova sotto il muscolo pettorale. Per stimolare questo punto è bene utilizzare i polpastrelli di tutte le dita.

Alla fine della sequenza del Tapping, è utile fare sempre uno o due respiri profondi.

Fig.1

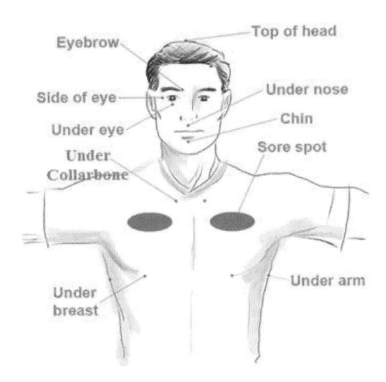

Fig. 2

ESERCIZIO: TROVA LE TUE CONVINZIONI LIMITANTI

Prima di iniziare a leggere questo capitolo, ti suggerisco di dedicare qualche minuto alla memorizzazione dei punti di agopuntura da stimolare con il Tapping. In questo modo ti sarà molto più semplice eseguire l'esercizio che sto per presentarti.

Procurati una matita, trova un posto tranquillo e inizia a scrivere tutte le tue convinzioni e le credenze limitanti sullo stare da soli, sull'amore e su di te; insieme a tutte le frasi e i proverbi sull'amore che hai ascoltato fin dall'infanzia.

Dedica del tempo a questo esercizio. Più frasi e convinzioni troverai, più velocemente ti sarà possibile diventare emotivamente indipendente.

Ti prego di non passare al capitolo successivo senza aver svolto prima questo esercizio; perderesti la sequenzialità del lavoro che stiamo facendo insieme.

Per rendere più semplice l'esecuzione dell'esercizio, ho deciso di condividere con te, a titolo d'esempio, alcune delle frasi e delle convinzioni emerse durante l'ultima edizione del corso "Guarisci le Cinque Ferite".

Credenze e convinzioni limitanti sullo stare da soli

- Stare da soli è pericoloso
- Se rimango da sola posso morire
- Se non ho un partner sono una fallita
- Da soli non c'è alcun divertimento

- Le persone sole sono tristi e brutte
- Se rimango da sola sono perduta

Credenze e convinzioni limitanti sull'amore

- Devo essere perfetta per meritare l'amore
- L'amore è sofferenza
- Se mi mostro così come sono sarò rifiutata
- Se non voglio rimanere da sola devo accontentarmi di ciò che trovo
- Gli uomini sono tutti uguali
- Se mi lascia sono finita
- Non posso vivere senza di lui
- Lui è tutta la mia vita
- Senza di lui non sono niente

Credenze e convinzioni limitanti su di te

- Sono incapace
- Sono brutta
- Sono poco attraente
- Non posso commettere errori
- Sono insignificante
- Sono inconcludente
- Non riesco a tenermi un uomo
- Da sola non ce la posso fare
- Ho bisogno dell'aiuto degli altri
- Gli altri sono migliori di me
- Gli altri sanno fare le cose meglio di me
- Sono debole
- Sono fragile

- Sono indifesa
- Sono una vittima
- Sono incompresa
- Sono sfortunata
- L'universo/Dio ce l'ha con me
- Sono un fallimento
- Non sono degna di essere amata
- Sono grassa
- Non sono abbastanza attraente
- Non sono abbastanza intelligente
- Sono trasparente
- Nessuno tiene conto della mia opinione
- Non conto nulla
- Nessuno mi ascolta
- Gli altri non mi vedono
- Devo accontentare gli altri per essere amata
- Gli altri sono più importanti di me
- Devo prendermi cura degli altri: genitori, partner, ecc.
- Se penso a me e ai miei bisogni, gli altri mi considerano egoista e cattiva
- Se dico ciò che penso posso ferire gli altri

Frasi e proverbi sull'amore

- L'amore non è bello se non è litigarello
- L'amore è sofferenza
- Il vero amore trionfa sempre
- Per essere amati bisogna soffrire
- L'amore vero non esiste

- Al cuore non si comanda
- Chi soffre per amore non sente pene
- Grande amore grande dolore
- L'amore è cieco
- Chi ama bene castiga bene
- Il vero amore deve sempre fare male

Consigli, opinioni e giudizi di genitori, parenti, amici e conoscenti

- Siamo nati per soffrire
- Col carattere che ti ritrovi rimarrai da sola
- Cerca di essere brava come tua sorella
- Per ottenere qualcosa bisogna soffrire
- Chi ti ama ti fa soffrire
- I bravi bambini sono ubbidienti e giudiziosi
- Gli uomini vanno sempre assecondati e accontentati, altrimenti se ne vanno
- Se vuoi avere un rapporto di coppia duraturo, devi imparare l'arte del silenzio

Scrivi qui le tue credenze e le convinzioni limitanti sullo stare da soli

_____

_____

_____

_____

_____

_____

_____

_____

_____

_____

_____

_____

Scrivi qui le tue credenze e le convinzioni limitanti sull'amore.

_____

_____

_____

_____

_____

_____

_____

_____

_____

_____

_____

_____

Scrivi qui le credenze e le convinzioni limitanti su di te

_____

_____

_____

_____

_____

_____

_____

_____

_____

_____

_____

_____

Scrivi qui le frasi e proverbi sull'amore che conosci.

_____

_____

_____

_____

_____

_____

_____

_____

_____

_____

_____

_____

Scrivi qui i consigli, le opinioni e i giudizi che hai ricevuto da genitori, parenti, amici e conoscenti.

_____

_____

_____

_____

_____

_____

_____

_____

_____

_____

_____

USIAMO IL TAPPING PER NEUTRALIZZARE LE CREDENZE LIMITANTI

E' giunto finalmente il momento di usare il Tapping, per dire addio alle convinzioni e alle credenze limitanti che hai individuato durante l'esercizio precedente.

Per cominciare, scegli una delle credenze emerse in merito allo stare da soli, quella che senti più vera per te, ad esempio "Stare da soli è pericoloso". Domandati: "Quant'è vera per me questa credenza?" Attribuiscile un valore su una scala da 1 a 10.

Adesso inizia a stimolare il punto karate.

Picchietta con i polpastrelli e pronuncia questa frase: "Anche se ho questa credenza (puoi dire la credenza ad alta voce o puoi solo pensarla), tutto questo può cambiare, e cambia adesso mentre lo osservo".

Stimola il punto karate per circa dieci secondi poi, sempre continuando a picchiettare, ripeti di nuovo la frase: "Anche se ho questa credenza (ripeti la credenza), tutto questo può cambiare, e cambia adesso mentre lo osservo".

Picchietta ancora un pò sul punto Karate. Poi, ripeti per la terza volta la frase: "Anche se ho questa credenza (ripeti la credenza), tutto questo può cambiare, e cambia adesso mentre lo osservo".

Perché è così importante ripetere la frase per tre volte? E perché è importante stimolare così a lungo il punto karate?

Il motivo è semplice.

Per operare il cambiamento desiderato, è necessario in primo luogo neutralizzare quella che viene definita "inversione energetica", ossia il tentativo di autosabotaggio che il tuo Inconscio mette in atto per mantenere lo stato o il comportamento indesiderato.

Dopo aver stimolato sufficientemente il punto Karate, comincia a picchiettare il punto posto sopra la testa. Fallo per almeno dieci secondi.

Adesso, sempre per dieci secondi, picchietta i punti posti sulle sopracciglia. Successivamente, picchietta il punto che si trova sul lato esterno dell'occhio. Mentre stimoli il punto, ripeti questa frase: "Lascio andare ogni attaccamento emotivo a questa credenza e a ciò che rappresenta per me".

Picchietta ora, per dieci secondi, il punto posto sotto l'occhio, quello sotto il naso e quello sul mento.

Stimola adesso, in maniera alternata, i punti sotto le clavicole. Mentre lo fai, ripeti questa frase: "Libero l'energia rimasta in questa credenza".

Per finire, picchietta il punto posto sotto il braccio e quello sotto il pettorale. Concludi la sequenza con un bel respiro profondo.

Prendi nota dei cambiamenti che si sono verificati nel tuo sistema energetico. Nota qualunque segnale che indichi il fluire libero dell'energia dentro di te.

Vorrei che prestassi attenzione anche a ciò che è cambiato nella tua percezione di veridicità della credenza. Quanto la ritieni vera, adesso che hai concluso la sequenza del Tapping?

Se hai svolto bene l'esercizio, il valore della credenza sarà compreso tra 0 e 2. Se invece il punteggio è ancora alto, ripeti l'intera sequenza del Tapping, partendo sempre dal punto karate.

Nei prossimi giorni, vorrei che ti esercitassi a demolire tutte le credenze che hai annotato sul foglio.

Inizia col neutralizzare, in ordine, le credenze che ritieni più vere. Attribuisci a ogni credenza un valore da 1 a 10, poi esegui la sequenza del Tapping.

Al termine della sequenza, valuta nuovamente il punteggio di veridicità della credenza. Se il valore è compreso tra 0 e 2, elimina una nuova credenza; altrimenti, ripeti la sequenza del Tapping fino a quando il punteggio di credibilità sarà sceso a 0 o a 1.

LA SECONDA STRATEGIA: LE FRASI ENERGETICHE

E' giunto il momento di presentarti un'altra tecnica molto efficace; una tecnica che sfrutta il potere energetico delle parole per risolvere traumi, paure e credenze limitanti.

Tutte le parole che pronunciamo hanno una loro frequenza energetica, che influenza e condiziona il nostro modo di pensare e di agire.

Lo scienziato Masaru Emoto ha dimostrato come l'energia vibrazionale delle parole sia in grado di modificare la struttura delle molecole dell'acqua.

Dalle numerose fotografie, scattate e pubblicate dallo scienziato, risulta evidente come le parole dolci e amorevoli siano in grado di dare vita a cristalli belli e armoniosi; quelle dure e di disprezzo, invece, determinano la creazione di cristalli senza forma e di brutto aspetto.

Visto che il nostro corpo è composto in media per il 70% d'acqua, comprendi bene quanto le parole che ascolti possano influenzare, in maniera profonda, il tuo stato di benessere interiore.

Tra poco ti mostrerò come utilizzare il potere delle parole per lasciare andare tutti i ricordi, le credenze e i condizionamenti che hanno dato in origine in te alla dipendenza affettiva. Prima di iniziare il processo di destrutturazione delle credenze, però, vorrei che facessi un piccolo esercizio.

Focalizza la tua attenzione sul respiro per qualche secondo. Nota se ci sono degli ostacoli che limitano, o bloccano, la tua funzione respiratoria. Potrebbe essere un fastidio in gola, nel petto o nel naso.

Attribuisci un valore al grado di intensità dell'ostacolo/impedimento, utilizzando una scala da 1 a 10.

Dopo aver preso nota dell'intensità del fastidio, pronuncia ad alta voce la seguente frase: "Recupero tutta la mia energia, legata a ciò che limita il mio respiro, e la riporto nel posto giusto in me stessa".

Attendi uno o due minuti, così da dare il tempo alla frase di produrre il suo effetto.

Adesso pronuncia quest'altra frase: "Allontano tutta l'energia non mia, collegata a ciò che limita il mio respiro, da tutte le mie cellule, da tutto il mio corpo e dal mio spazio personale, e rimando questa energia nel luogo a cui realmente appartiene".

Attendi ancora uno o due minuti.

Pronuncia ora quest'ultima frase: "Recupero tutta la mia energia, legata a tutte le mie reazioni a ciò che limita il mio respiro, e la riporto nel posto giusto in me stessa".

Attendi un paio di minuti, poi prendi nota di cosa è cambiato nel tuo modo di respirare. Di quanto è migliorata la tua respirazione?

Ho voluto proporti quest'esercizio, per darti modo di sperimentare fin da subito il potere delle Frasi Energetiche, ma anche per offrirti un valido strumento d'aiuto, da utilizzare quando hai il raffreddore o quando fai fatica a respirare per via di situazioni stressanti che ti creano ansia e agitazione.

Questo semplice esercizio, infatti, ti permetterà di ritrovare immediatamente lo stato di calma necessario per affrontare e gestire al meglio ogni situazione.

LE FRASI ENERGETICHE E LA PAURA DELL'ABBANDONO

Siamo giunti al momento di utilizzare le Frasi Energetiche per iniziare a risolvere la dipendenza affettiva.

In questo capitolo ti guiderò nel processo di neutralizzazione di tutte le paure, soprattutto quelle legate alla solitudine e alla perdita della persona amata. Rimuovere le paure è il primo passo per diventare emotivamente indipendente, per essere in grado di riconoscere la persona giusta e avere il coraggio di concludere rapidamente qualunque relazione che, già nella fase iniziale, dimostra di essere tossica o tormentata.

Le paure sono semplicemente le nostre reazioni emotive a tutto ciò che consideriamo pericoloso o dannoso per noi: persone o situazioni da cui riteniamo sia meglio star lontani o che pensiamo sia preferibile evitare.

Esistono tre tipi di paure: le paure apprese, le paure trasmesse e quelle ereditate.

Le paure "apprese" sono quelle che sorgono in seguito a un evento traumatico. Se da bambini, ad esempio, abbiamo rischiato di annegare, da adulti avremo sicuramente paura dell'acqua. La nostra mente inconscia, infatti, per evitare il pericolo di mettere a rischio la nostra vita, ci impedirà di avvicinarci a qualunque sorgente d'acqua, e lo farà attraverso la creazione di quella che viene comunemente definita "fobia".

Le paure "trasmesse" sono quelle che acquisiamo a causa delle esperienze vissute dagli altri: ad esempio quando guardiamo immagini di catastrofi aerei in TV o quando ascoltiamo i racconti di situazioni pericolose vissute da amici o familiari.

Infine, le paure "ereditate" sono quelle che fanno parte del cosiddetto "patrimonio culturale collettivo", come ad esempio: la paura degli animali feroci, la paura delle tempeste, la paura del buio ecc.

Per risolvere definitivamente la paura dell'abbandono, oltre agli eventi traumatici vissuti in tenera età, è necessario rimuovere anche tutte le fantasie che, nel tempo, sono state costruite intorno ai concetti di "abbandono" e "solitudine".

Ciò che spaventa maggiormente chi soffre di dipendenza affettiva, non è il l'idea di perdere il partner, ma ciò che la persona dipendente immagina potrebbe capitarle se il partner decidesse di andare via.

Ti invito, dunque, a dedicare tutta la tua attenzione all'esercizio che sto per chiederti di fare, perché ti aiuterà a neutralizzare tutte le fantasie, custodite nella tua mente inconscia, relative allo stare da sola e alla possibilità di perdere il partner. Potrebbe essere un esercizio emotivamente un pò doloroso; ti chiedo pertanto di svolgerlo in un luogo tranquillo e protetto.

Immagina che il tuo partner ti lasci o che debba andare via per un po' di tempo.

Immagina come ti sentiresti, cosa faresti, come cambierebbe la tua vita.

Prendi nota di tutte le sensazioni fisiche che provi, dei pensieri che affiorano nella tua mente, delle emozioni che avverti.

A titolo d'esempio, elencherò una lista di pensieri e fantasie che potresti scoprire essere presenti anche in te.

Pensieri emersi durante il corso "Guarisci le Cinque Ferite"

Se mi lascia, sono perduta

Morirò da sola

Nessuno mi vorrà più

Non troverò più nessuno

Invecchierò da sola

È difficile alla mia età trovare qualcun altro

Questa era la mia ultima occasione per avere un compagno

Per me è finita

Ho rovinato tutto

Esempi di scenari immaginati

Immagini di te sola e vecchia

Immagini di te sola e malata

Scene familiari dove tu sei da sola, mentre tutti gli altri sono in coppia e felici

Le fantasie e i pensieri che ho elencato sono solo alcune delle centinaia di fantasie che ho riscontrato durante i corsi e le sedute di Ipnosintesi.

E' importante che tu ti impegni a trovare le tue proprie convinzioni e le tue fantasie.

Scrivi quali pensieri sono emersi durante l'esercizio

_____

_____

_____

_____

_____

_____

_____

_____

_____

_____

_____

_____

_____

Descrivi i possibili scenari che hai immaginato durante l'esercizio

1)--

_____

_____

_____

_____

_____

_____

2) --

_____

_____

_____

_____

_____

3)---

_____

_____

_____

_____

_____

_____

4) --

_____

_____

_____

_____

_____

_____

ELIMINIAMO LE PAURE

E' giunto il momento di eliminare le paure. Prima, però, ti suggerisco di dissolvere tutte le fantasie che hai individuato grazie all'esercizio precedente.

Comincia col neutralizzare il pensiero che ti crea più disagio, quello che suscita in te più emozione, ad esempio il pensiero "Invecchierò da sola".

Prendi nota del disagio che ti procura questo pensiero e delle reazioni fisiche che suscita in te, poi dai un valore al disagio, utilizzando una scala da 1 a 10.

Dopo aver identificato e misurato il disagio, pronuncia questa frase: "Recupero tutta la mia energia, legata alla fantasia di invecchiare da sola, e a ciò che rappresenta intimamente per me, e riporto questa energia nel posto giusto in me stessa".

Attendi uno o due minuti, in modo da dare il tempo alla frase di agire. Pronuncia, poi, quest'altra frase: "Allontano tutta l'energia non mia, collegata alla fantasia di invecchiare da sola, da tutte le mie cellule, da tutto il mio corpo e dal mio spazio personale, e la rimando nel luogo a cui realmente appartiene."

Attendi ancora uno o due minuti. Dopo, dì a voce alta quest'ultima frase: "Recupero tutta la mia energia, legata a tutte le mie reazioni a questa fantasia di invecchiare da sola, e la riporto nel posto giusto in me stessa".

Attendi qualche minuto, e nota cos'è cambiato in te in merito alla fantasia di invecchiare da sola.

Valuta nuovamente il livello del disagio su una scala da 0 a 10.

Utilizza le Frasi Energetiche per neutralizzare ogni fantasia emersa durante l'esercizio precedente, valutando sempre il livello del disagio, fisico ed emotivo, prima e dopo le frasi.

Dopo aver dissolto tutte le fantasie legate ai pensieri emersi, usa le Frasi Energetiche per dissolvere anche gli scenari che hai immaginato.

Inizia sempre dallo scenario che suscita in te una reazione più forte, ad esempio l'immagine di te anziana e sola. Osserva cosa provi nell'ipotizzare questa scena, quali sensazioni avverti nel corpo, quali emozioni emergono in te: tristezza, rabbia, paura? Valuta il livello di stress che questo scenario provoca in te, sempre utilizzando una scala da 0 a 10; poi inizia a pronunciare le frasi.

Frase 1: "Recupero tutta la mia energia legata a questa scena di me anziana e sola, e a ciò che questa scena rappresenta intimamente per me, e riporto questa energia nel posto giusto in me stessa".

Attendi uno o due minuti, per dare il tempo alla frase di agire.

Frase 2: "Allontano tutta l'energia non mia, collegata a questa scena di me anziana e sola, da tutte le mie cellule, da tutto il mio corpo e dal mio spazio personale, e rimando questa energia nel luogo a cui realmente appartiene".

Attendi uno o due minuti.

Frase 3: Recupero tutta la mia energia, legata a tutte le mie reazioni a questa scena di me anziana e sola, e riporto questa energia nel posto giusto in me stessa".

Attendi ancora qualche minuto, poi valuta nuovamente il livello di stress che lo scenario scelto provoca in te, utilizzando una scala da 0 a 10.

Se il nuovo livello di stress ha un valore compreso tra 0 e 2, puoi dissolvere un'altra fantasia; altrimenti, ripeti le Frasi Energetiche sullo stesso scenario, facendo attenzione ai particolari che attirano il tuo interesse. Ad esempio, nella scena di te anziana e sola, potrebbe averti colpito in modo particolare l'immagine di te a letto o l'immagine di un oggetto specifico: una coperta, la foto di un tuo ex, ecc. In questo caso, quando pronunci le Frasi, aggiungi il particolare che ha attirato la tua attenzione. Potresti dire ad esempio: "Recupero tutta la mia energia, legata alla scena di me anziana e sola, con la coperta sulle gambe, e a ciò che questa scena rappresenta intimamente per me, e riporto questa energia nel posto giusto in me stessa". Poi, prosegui pronunciando le altre Frasi, ponendo sempre l'enfasi sul particolare che ha destato la tua attenzione.

I 10 Suggerimenti
Per Essere
Emotivamente Indipendenti

METTI SEMPRE TE AL PRIMO POSTO

C'è una tradizione a Trapani, la mia città natale. Nel mese di agosto, si suole effettuare un pellegrinaggio al Santuario mariano "Maria SS. Annunziata".

Durante i primi quindici giorni di agosto, centinaia di pellegrini, provenienti da ogni parte della Sicilia, si recano al Santuario per pregare e chiedere "grazie"

All'interno della Basilica, c'è una statua molto bella della Madonna col Bambino, che i fedeli sono soliti baciare e accarezzare, grazie a dei piccoli scalini posti sul lato posteriore della statua.

Baciare la statua della Madonna è una tradizione trapanese antica, che viene tramandata di padre in figlio.

Qualche anno fa, durante la "quindicina", una mia amica ha accompagnato il nipotino di due anni e mezzo a "far visita alla Madonna". Giunti davanti alla statua di Maria, la mia amica ha suggerito al piccolo di andare a baciare la statua e di pregare per il papà e per la mamma.

Il bambino, nell'udire questa richiesta, ha guardato la mia amica dritto negli occhi e con voce ferma ha esclamato: "Perché devo pregare per mamma e papà'? Io devo pregare per me!". Detto questo, è salito sugli scalini, ha baciato la statua, ha pregato per lui e poi, insieme alla nonna, si è diretto verso l'uscita.

Prima di lasciare il Santuario, però, dopo essersi fermato un attimo sull'uscio a riflettere , ha chiesto alla mia amica di tornare indietro. Lei era un po' restia a farlo, perché significava rifare di nuovo la fila, ma il bambino insisteva.

Giunti nuovamente davanti alla statua della Madonna, il piccolo ha rifatto gli scalini, ha ribaciato la statua e ha esclamato: "Madonna ti prego per il papà e per la mamma, io adesso me ne vado".

Ho deciso di raccontarti questa storia per aiutarti a comprendere l'importanza di mettere sempre te al primo posto. Il nipote della mia amica aveva solo due anni e mezzo, non era ancora stato del tutto "contaminato" dalle convenzioni sociali, dai sensi di colpa e dal "buonismo" di cui gli adulti sono intrisi.

Mettere al primo posto sé stessi non significa trascurare gli altri; significa aiutarli senza arrecare danno a noi stessi.

Non permettere mai a nessuno di diventare più importante di te, e non considerare i bisogni degli altri più importanti dei tuoi. Anche tu meriti di ricevere gioia e attenzioni, non solo il tuo partner.

La prossima volta che ti ritrovi a fare qualcosa per accontentarlo, domandati se questo qualcosa ti arreca danno o ti rende triste. Ricordati che anche tu hai diritto alla felicità.

COLTIVA I TUOI INTERESSI

Ogni relazione d'amore dovrebbe aggiungere qualcosa in più alla nostra vita.

Quando inizi a frequentare qualcuno, non interrompere i contatti con i tuo amici, non smettere di frequentare i luoghi di ritrovo abituali e i centri di tuo interesse. La presenza di una nuova persona nella tua vita deve essere qualcosa che ti arricchisce e non che ti impoverisce.

Se smetti di occuparti di te e dei tuoi interessi, finirai inevitabilmente per occuparti degli interessi del tuo partner e gli conferirai il potere di rendere interessante o meno la tua vita. Nutrirai aspettative e speranze, e questo ti condurrà, nel tempo, a provare risentimento e delusione.

Continua a fare ciò che facevi prima d'incontrare il tuo lui. La tua vita sarà sempre più ricca e piena, non ci sarà posto per le aspettative, e neppure per le attese. Sarai sempre felice, con e senza il partner, e questo ti permetterà di vivere in modo nuovo ogni relazione.

Riempiendo le tue giornate con le attività che ti piacciono, e con le cose che ti rendono felice, non avrai il tempo di contare i muniti di ritardo del tuo partner e non te la prenderai se si dedicherà alle sue passioni, perché anche tu ti occuperai delle tue.

Questo è il segreto per vivere una relazione felice: condividere e non appropriarsi mai della vita dell'altro.

La persona dipendente tende a trascurare la propria vita per vivere quella del partner. Trascura ciò che le può dare gioia, nella speranza che sia il partner a regalarle momenti di felicità.

Cerca di rendere la tua vita sempre più piena e interessante. Fai tutti i giorni qualcosa che ti fa stare bene, realizza i tuoi progetti, pianifica anche le attività che riguardano solamente te, non solo quelle che coinvolgono la coppia.

Per essere felici in amore è necessario avere una vita piena, senza aspettarsi che sia qualcun altro a riempirla.

PRENDITI CURA DI TE

Viviamo in una società in cui l'altruismo e la generosità sono considerati valori imprescindibili; regole morali da rispettare, anche a scapito del nostro stesso benessere.

Da bambini ci educano a essere accondiscendenti e a prenderci cura degli altri, ad anteporre i bisogni delle persone che amiamo alle nostre stesse necessità. Prendersi cura degli altri, però, non significa trascurare sé stessi.

L'amore per noi stessi è la prima forma d'amore. Chi non è capace di amare sé stesso, non potrà mai amare gli altri per davvero. Come potrà, infatti, riconoscere i veri bisogni di un'altra persona, se non sa riconoscere e soddisfare i propri?

Per star bene con gli altri, occorre prima star bene con sé stessi.

Se sei felice e soddisfatta della tua vita, sarai selettiva nella scelta del partner più adatto a te. Sarai in grado di riconoscere facilmente la persona giusta, perché non sarai più guidata dal "bisogno" di trovare qualcuno che si prenda cura di te e che colmi le tue lacune affettive.

Soddisfa tu ogni tuo bisogno, coccolati, regalati ogni giorno qualcosa di bello. Se ti riappropri del potere di renderti felice, non ti aspetterai più che siano gli altri a farlo e, di conseguenza, non sperimenterai più momenti di tristezza e delusione.

Comincia, fin da ora, a dedicare più cura e attenzione al tuo aspetto fisico, al tuo abbigliamento, alla tua alimentazione e al tuo sviluppo personale. Approfitta di ogni occasione per fare ciò che ti piace e per regalarti momenti di gioia e sano divertimento.

SEGUI L'ISTINTO, NON LA PAURA

Ognuno di noi è in grado di comprendere, sin dai primi minuti di conversazione, se la persona che abbiamo davanti è in grado di essere il partner giusto per noi; se migliorerà la nostra vita o se invece ci condurrà verso la sofferenza e la rovina. Basta una frase, uno sguardo, un movimento involontario dei muscoli del viso e del corpo per rivelare la vera personalità di chi ci sta di fronte.

E' vero, non tutti siamo degli studiosi del linguaggio verbale e non verbale, tuttavia, ciascuno di noi ha in sé la capacità di decifrare i segnali comunicativi che provengono dal nostro interlocutore; anche quando questi segnali vengono inviati in modo inconsapevole.

La nostra mente inconscia, che rappresenta la parte istintiva di noi, sa bene di chi può fidarsi; quando "sente" che qualcosa o qualcuno non è affidabile, ci lancia dei segnali.

Quali sono questi segnali? Può trattarsi di un fastidio alla bocca dello stomaco, una sensazione di nausea improvvisa, un intoppo per strada, un imprevisto, qualunque cosa sia in grado di impedirci di andare a un appuntamento o di portare a termine un incontro.

Pensaci un attimo. Prima di iniziare la storia con il tuo partner, o con un ex partner che ti ha fatto soffrire, che segnali ti ha inviato il tuo Inconscio? Hai provato sensazioni di tristezza e insoddisfazione, qualche fastidio a livello fisico?

La tua parte istintuale sa cos'è bene per te, e fa di tutto per proteggerti. Perciò, la prossima volta che sarai sul punto d'iniziare una nuova relazione, ascoltati e prendi nota delle tue emozioni. Lasciati guidare dall'istinto e non dal "bisogno".

Quando "senti" dentro di te che qualcosa non va, prendine atto e corri ai ripari. Non ostinarti a far funzionare, a tutti i costi, qualcosa che sai che non potrà funzionare; questo ti farà risparmiare inutili sofferenze e problemi di ogni tipo.

NON ASPETTARTI CHE IL PARTNER POSSA CAMBIARE

La fantasia di poter cambiare il partner è forse uno dei sintomi più pericolosi della dipendenza affettiva.

E' proprio questa speranza a spingere le persone dipendenti, soprattutto le donne, a sopportare violenze e maltrattamenti, umiliazioni, tradimenti e abusi, nella cieca fiducia che un giorno le cose potranno cambiare.

Nessuno è in grado di cambiare nessuno. Le persone cambiano solo quando vogliono cambiare, e l'impulso al cambiamento è qualcosa che parte sempre da dentro, non arriva mai dall'esterno.

Pensare di poter cambiare il tuo partner, sperare che un giorno si accorga di quanto ti ha fatto soffrire, aspettare che si penta, che ti chieda perdono e che si trasformi nel partner perfetto è un'utopia.

Quando il tuo partner ti ferisce ripetutamente, è incurante dei tuoi sentimenti, ti tradisce o ti maltratta, l'unico modo per far cambiare le cose è quello di cambiare partner.

Personalmente, credo che la cattiveria pura sia qualcosa di veramente raro; sono convinta, infatti, che siano i turbamenti emotivi e i vissuti traumatici a spingere alcune persone a far del male ad altre, a danneggiare sé stesse e chi gli sta vicino. Purtuttavia, non è compito tuo "salvare" il tuo partner, né tantomeno "guarirlo" dai suoi turbamenti.

Il tuo compito è solo quello di occuparti di te, di "salvare" te stessa da una relazione emotivamente pericolosa, che potrebbe rischiare di danneggiare, in

maniera irreparabile, la tua autostima e la tua capacità di essere felice in
amore.

DIVERTITI ANCHE SENZA IL PARTNER

Chi l'ha detto che per divertirsi bisogna essere necessariamente in coppia?

Riuscire a divertirsi anche da soli è uno dei segreti per vivere una relazione felice, basata sul rispetto e sulla salvaguardia dei propri spazi personali.

Se riuscirai a ritagliare del tempo libero per te, e per coltivare i tuoi interessi, non dipenderai più emotivamente dal tuo partner. Sarai entusiasta della tua vita, e non delegherai più a nessuno il potere di renderti felice.

La vita è troppo preziosa per essere vissuta nella sofferenza di una relazione complicata e priva d'amore.

Cerca, per quanto possibile, di fare solo ciò ti fa stare bene e ti rende felice.

Regalati un momento di gioia tutti i giorni. Vai a vedere un film divertente, concediti una chiacchierata con gli amici, lasciati andare in un ballo sfrenato davanti allo specchio, prenota un massaggio rilassante.

Impara a star bene in tua compagnia, sei l'unica persona che non ti lascerà mai e su cui potrai sempre contare.

Solo tu sei in grado di renderti davvero felice.

NON LASCIARTI INFLUENZARE DALLE OPINIONI ALTRUI

Essere emotivamente indipendenti significa imparare a essere impermeabili ai giudizi e alle opinioni degli altri.

Quando qualcuno elargisce un consiglio, domandati se quello che dice risuona con ciò che pensi, con ciò che vuoi e, soprattutto, con ciò che "senti".

Non importa quanto saggio e giusto possa sembrare un consiglio; è soltanto un'opinione. E' il parere di qualcuno che non sei tu, che non è "nelle tue scarpe", come dicono i nostri amici inglesi, che non sta vivendo la tua vita.

Solo tu puoi riconoscere ciò che è bene per te.

L'unica opinione che conta è solamente la tua, perché solo tu hai la visione d'insieme di tutti gli elementi necessari per esprimere un giudizio e per prendere una decisione che riguarda la tua vita.

Impara ad ascoltare le tue emozioni. Quando qualcosa non è in armonia con ciò che provi, lasciala andare.

LEGGI LIBRI EDIFICANTI

Un buon libro è il più bel regalo che possiamo fare a noi stessi. Leggere il libro giusto al momento giusto, a volte, può cambiare letteralmente la vita.

Conoscere i racconti di chi ha attraversato i nostri stessi momenti di crisi, di chi ha avuto i nostri dubbi e le nostre paure, ci fa sentire meno soli; ci dà il coraggio di prendere decisioni importanti e di compiere anche scelte difficili.

Scegli con cura i libri che leggi e, se puoi, riempi la tua libreria di libri e manuali riguardanti la crescita personale e l'arricchimento spirituale.

Leggere è il modo più semplice, a volte, per prendere coscienza dei propri schemi mentali e dei propri modelli comportamentali. I libri ci permettono, infatti, di guardarci dentro, di esaminare la nostra vita e di decidere di cambiarla.

Prendi l'abitudine di leggere tutti i giorni, anche solo poche pagine. Se manterrai il focus sulla tua vita, non avrai il tempo di concentrarti su quella del tuo partner.

ASSUMI LA SOVRANITÀ DELLA TUA VITA

Quando ci si innamora, si tende a porre la persona amata al centro di ogni interesse, soprattutto all'inizio della storia.

Però, se il partner diventa il tuo unico interesse, il "sole" attorno a cui ruota tutta la tua vita, senza ombra di dubbio stai vivendo una condizione di dipendenza affettiva.

Come puoi riportare la relazione a uno stato di equilibrio? E' semplice, basta riappropriarti della sovranità della tua vita.

Non delegare al partner il potere di renderti felice, non dargli l'autorità di decidere come devi vestirti, chi devi frequentare e come devi agire. Spetta solo a te decidere cosa indossare, chi incontrare e quali progetti realizzare.

Se manterrai chiari i confini tra te e il tuo partner, se imparerai a dire "No" quando qualcosa rischia di minacciare la tua sovranità, attirerai a te solo persone che riconosceranno il tuo ruolo e rispetteranno i tuoi spazi e i tuoi bisogni.

Essere emotivamente indipendenti significa non cedere a nessuno il proprio scettro e il proprio potere decisionale.

Inizia a dare valore alla tua vita e alle tue scelte, celebra i momenti di successo e le piccole e grandi soddisfazioni quotidiane.

Non permettere a nessuno di danneggiare, neppure per un momento, la tua persona e la tua dignità.

INNAMORATI DI TE

L'unico modo per essere davvero in grado di amare qualcuno è quello di amare prima sé stessi.

Se non siamo in grado di amare noi stessi, se non riusciamo a essere clementi, affettuosi e attenti verso di noi, come possiamo esserlo con gli altri?

"Ama il prossimo tuo come te stesso", diceva Gesù, non "Ama gli altri più di te stesso". L'amore per il partner non deve mai, in alcun modo, far venire meno l'amore che hai per te.

Innamorati di te, datti le attenzioni e le cure che finora hai riservato solo agli uomini che hai amato.

Ascolta i tuoi bisogni e i tuoi desideri, realizza i tuoi obiettivi, coccolati, fatti dei regali, fatti spesso dei complimenti.

Comincia a guardarti allo specchio con amore, parla a te stessa usando parole gentili.

Se ti ami, anche gli altri ti ameranno. Se invece non ti ami, se ti giudichi di continuo e in modo severo, se ti colpevolizzi e ignori i tuoi bisogni, come puoi pensare di essere trattata in modo diverso dagli altri?

Amati, dunque, e inizia ad apprezzare i tuoi pregi e le tue qualità. Incoraggiati, sostieni le tue opinioni, fai sempre il tifo per te.

Decidi di vivere solo esperienze piacevoli in amore, e non accettare alcun compromesso che possa nuocere alla tua felicità.

CONCLUSIONI

La dipendenza affettiva, così come le altre forme di dipendenza, è qualcosa di nocivo e di estremamente doloroso per chi che ne soffre.

Tutti coloro che soffrono di dipendenza affettiva hanno avuto un'infanzia difficile, fatta di abbandoni emotivi e mancanza di attenzioni; attenzioni che da adulti cercano disperatamente di ricevere dal partner.

Le persone dipendenti vivono nella continua illusione di incontrare qualcuno che le ami talmente tanto da riuscire a colmare il vuoto emotivo che le consuma da sempre.

Nonostante il bisogno disperato d'amore, per effetto di un meccanismo psicologico che ci spinge a ricreare le stesse condizioni di sofferenza del passato, i dipendenti affettivi tendono a legarsi a partner freddi e distaccati, talvolta violenti ed egoisti, capaci di generare sofferenze indicibili e un profondo senso di frustrazione.

Liberarsi dalla dipendenza affettiva non è un processo semplice e neppure immediato; occorre avere il coraggio di guardarsi dentro e di iniziare un percorso di cambiamento guidato, per rimuovere gli eventi dolorosi del passato e riprogrammare la mente verso la felicità emotiva.

Le donne che soffrono di dipendenza affettiva hanno una bassa autostima, tendono a sminuire le proprie capacità, a idealizzare il partner e a colpevolizzarsi per il fallimento delle proprie relazioni. Fanno fatica ad ammettere di aver scelto un partner freddo, problematico e poco affettuoso. Sono convinte di dover dare di più, e fare di più, per meritare l'amore della persona che hanno accanto.

Riuscire ad amare sé stessi, e riconoscere il proprio diritto alla felicità in amore, è il primo passo verso la guarigione dalla dipendenza affettiva.

Amare sé stessi significa smettere di giudicarsi, di colpevolizzarsi e di sentirsi inadeguati. Significa smettere di credere che l'amore sia qualcosa che richiede sacrifici, umiliazioni e sottomissioni.

Gli esercizi contenuti in questo manuale sono stati formulati per permetterti di rimuovere, e depotenziare, tutte le credenze limitanti, i pensieri di autoaccusa e le fantasie legate alla paura della solitudine e dell'abbandono affettivo.

Per rimuovere gli episodi dolorosi del passato, che sono ancora nascosti alla tua coscienza, potrebbe essere necessario ricorrere a qualche seduta di Ipnosintesi.

In alternativa, puoi scegliere di lasciarti guidare da me attraverso il corso "Guarisci le Cinque Ferite", acquistabile all'indirizzo www.ipnosintesi.it.

Durante il corso, lezione dopo lezione, ti aiuterò a lasciar andare gli eventi del passato che hanno generato, e alimentato nel tempo, la dipendenza affettiva.

Solo quando la tua mente inconscia sarà libera dai ricordi legati all'abbandono potrai dire definitivamente addio alla dipendenza affettiva.

Ti auguro di cuore di diventare presto emotivamente indipendente, in modo da poter vivere una vita affettiva felice, piena d'amore e di emozioni positive.

APPENDICE

L'Ipnosintesi è una straordinaria tecnica di cambiamento guidato, che permette di risolvere, in poco tempo e in maniera definitiva, qualunque disagio: fisico, psicologico ed emozionale.

Grazie all'Ipnosintesi, puoi liberarti di ogni forma di dipendenza, puoi eliminare ogni "blocco" emotivo e ogni comportamento autosabotante, migliorando così sensibilmente la qualità della tua vita.

Ho ideato l'Ipnosintesi dopo un lungo percorso di studio, ricerca e sperimentazione, che mi ha portato spesso in giro per l'Italia e all'estero.

Ho dedicato oltre dieci anni allo studio delle principali forme d'ipnosi, delle più rilevanti tecniche energetiche e della programmazione mentale. Ho appreso la Programmazione Neuro Linguistica, l'EFT, la Logosintesi, il Theta Healing, La Matrix Energetic, il Quantic Power, l'ipnosi verbale, non verbale, quella medica, rapida, da palcoscenico, regressiva, dinamica e spirituale.

Ho preso "il meglio" da tutte le tecniche che ho studiato, dando vita a una tecnica che può essere appresa facilmente da tutti, e può essere utilizzata quotidianamente come tecnica di auto-aiuto.

Cosa si può risolvere con l'Ipnosintesi?

Utilizzando l'Ipnosintesi, è possibile risolvere il 90% dei problemi che condizionano la nostra vita e che limitano la nostra felicità.

Ecco un elenco di alcuni dei disagi più comuni che possono essere risolti grazie all'uso dell'Ipnosintesi:

- Fobie
- Attacchi d'ansia
- Attacchi di panico
- Dolori fisici
- Conflitti con sé stessi e con gli altri (partner, genitori, colleghi di lavoro)
- Mal d'amore (tornare a essere felici dopo una rottura o la perdita della persona amata)
- Pensieri ossessivi
- Atteggiamento nostalgico che condiziona la quotidianità
- Credenze limitanti
- Scarsa autostima
- Abitudini e schemi comportamentali ricorrenti
- Dipendenza dalle sigarette
- Disturbi alimentari
- Disturbi del sonno
- Dipendenza affettiva
- Le Cinque Ferite Esistenziali: Rifiuto, Abbandono, Tradimento, Ingiustizia e Umiliazione
- Difficoltà a instaurare relazioni di coppia durature
- Difficoltà sessuali, che hanno una causa emotiva
- La paura del futuro
- Comportamenti auto sabotanti
- Difficoltà nella gestione delle emozioni (rabbia, paura, tristezza)

La Dipendenza Affettiva può essere risolta in maniera definitiva grazie al corso "Guarisci le Cinque Ferite", che dà ai partecipanti la possibilità di dire addio per sempre alla dipendenza affettiva e a ogni altra forma di autosabotaggio.

Grazie agli esercizi guidati di programmazione mentale, è possibile raggiungere, in breve tempo, la felicità in amore e in ogni altro contesto, personale e professionale.

La causa di ogni insuccesso in amore, o in altri contesti della vita, è sempre da attribuire alle Cinque Ferite esistenziali: Abbandono, Rifiuto, Tradimento, Ingiustizia e Umiliazione.

Anche se non ne sei consapevole, le tue azioni e le due decisioni sono continuamente influenzate dalle esperienze, e dalle credenze, presenti nella tua mente inconscia.

Si tratta di una sorta di programmazione mentale, che ti spinge ad agire sempre in un determinato modo, a legarti sempre allo stesso tipo di partner e a ritrovarti sempre nelle medesime situazioni.

Tutte le esperienze che facciamo, a partire dal nostro concepimento, vengono registrate e immagazzinate nel nostro Inconscio.

Sono proprio queste esperienze a dare origine alle nostre credenze, ai nostri schemi comportamentali e a tutte quelle reazioni emotive che sono alla base della nostra personalità.

Se da bambini abbiamo registrato esperienze positive, ossia, se siamo stati amati a sufficienza dai nostri genitori, se siamo stati incoraggiati e abbiamo vissuto momenti di gratificazione, sia emotiva che interpersonale, da adulti tenderemo, in maniera automatica, a rivivere quelle stesse esperienze.

Avremo cioè relazioni sentimentali stabili e felici, faremo sempre le scelte giuste in campo lavorativo, ci circonderemo di persone che ci stimano e ci vogliono bene.

Se da piccoli, invece, ci siamo sentiti rifiutati e non abbiamo ricevuto le attenzioni che pensavamo di meritare, se siamo stati puniti per le nostre iniziative e per i nostri errori, da grandi tenderemo a legarci a partner che ci rifiutano o che non ci gratificano, eviteremo di osare e di prendere delle iniziative sul lavoro. Alla fine, ci rassegneremo a vivere una vita al di sotto delle nostre potenzialità, attribuendo la colpa dei nostri fallimenti agli altri, alla sfortuna o al destino.

In realtà, la causa di ogni problema che si manifesta nella nostra vita è da ricercare nel tipo di ferita emotiva che abbiamo subito in tenera età.

Se in età infantile abbiamo avuto la sensazione di aver ricevuto poco amore o di essere stati abbandonati, da grandi saremo pieni d'insicurezze, cercheremo sempre l'appoggio degli altri, tenderemo a legarci a partner freddi e distaccati, e saremo propensi a sviluppare dipendenze, prima fra tutte la dipendenza affettiva.

Se, invece, ci siamo sentiti rifiutati, non voluti e di troppo, da grandi faremo fatica a farci valere, tenderemo sempre a metterci da parte nella vita sentimentale e nel lavoro. Pur avendo tutte le competenze e le qualità necessarie, non riusciremo mai a fare carriera, e faremo fatica a mantenere in piedi una relazione.

Se abbiamo sofferto per via di episodi d'Ingiustizia, tenderemo a essere ipercritici con noi stessi e con gli altri, non saremo mai soddisfatti dei nostri risultati e avremo difficoltà a relazionarci con gli altri.

Se a farci soffrire è stata, invece, la Ferita da Tradimento, saremo gelosi e possessivi; finiremo sempre col rovinare ogni relazione e ogni rapporto di amicizia.

La ferita più subdola, però, è la Ferita dell'Umiliazione, che spesso viene ignorata o sottovalutata. È la ferita che induce al sovrappeso, che ci spinge a mettere al primo posto i desideri e i bisogni degli altri, a sacrificarci e ad accettare anche soprusi e ingiustizie.

Le ferite emotive insorgono in un momento specifico dell'infanzia, e danno vita alla creazione di un meccanismo di difesa che ci spinge a indossare delle maschere.

Sono proprio le maschere a indurci a compiere azioni automatiche, nel tentativo di proteggerci dal ripetersi delle ferite. Tuttavia, i comportamenti che adottiamo, a causa delle maschere, producono l'effetto opposto: ci ritroviamo, nostro malgrado, a rivivere l'esperienza che volevamo evitare.

Ad esempio, chi ha sofferto per la ferita del Rifiuto indosserà la maschera del "Fuggitivo". Fuggirà da ogni relazione per non correre il rischio di essere rifiutato, ma sarà proprio il suo atteggiamento sfuggente a spingere gli altri a rifiutarlo.

Chi ha sofferto per la ferita da Tradimento, invece, indosserà la maschera del "Controllore". Soffocherà il partner con la gelosia e la possessività, inducendolo spesso a rifugiarsi tra le braccia di qualcuno un po' più accondiscendente.

Chi ha vissuto, in maniera particolarmente dolorosa, la ferita dell'Ingiustizia indosserà la maschera del "Rigido" e cercherà continuamente la perfezione in sé stesso e negli altri. Quest'atteggiamento, però, allontanerà chi gli sta vicino e gli farà vivere momenti di profonda solitudine e delusione.

Chi ha sofferto per via dell'Umiliazione indosserà la maschera del "Masochista". Sarà sempre pronto a fare di tutto per farsi accettare dagli altri, ma il suo modo di fare, eccessivamente accondiscendente, gli farà sperimentare momenti di tristezza, umiliazione e mancanza di rispetto.

Infine, chi ha sofferto per la ferita da Abbandono, indosserà la maschera del "Dipendente" e tenderà a legarsi morbosamente agli altri. Il suo continuo bisogno d'amore farà sentire gli altri oppressi e soffocati, e li spingerà inevitabilmente a fuggire via.

Per essere pienamente felici, occorre risolvere le Cinque Ferite. Chi non è cosciente delle Ferite Esistenziali, che guidano i suoi pensieri e le sue azioni, vive in balia di schemi comportamentali automatici autosabotanti, messi in atto in maniera del tutto inconsapevole dalla sua mente inconscia.

L'Ipnosintesi permette di risolvere, in modo rapido e definitivo, le Cinque Ferite.

Tutti coloro che hanno sperimentato i benefici dell'Ipnosintesi, sia attraverso le sedute individuali che attraverso i corsi, hanno ottenuto risultati immediati, in termini di autostima, di successo e di felicità.

Per maggiori informazioni in merito all'Ipnosintesi o per acquistare il corso "Guarisci le Cinque Ferite" visita il sito www.ipnosintesi.it

Printed by Amazon Italia Logistica S.r.l.
Torrazza Piemonte (TO), Italy

50278067R00051